AF209432

Pablo Luis Yagüe Ares

EL FLOORBALL

Iniciación a la competición

FSC
www.fsc.org
MIXTO
Papel procedente de
fuentes responsables
Paper from
responsible sources
FSC® C105338

© Pablo Luis Yagüe Ares, 2020

Impreso y editado por Books on Demand GmbH
info@bod.com.es - www.bod.com.es
Impreso en Alemania – Printed in Germany

Depósito Legal: AS 02418-2020

ISBN: 978-8-4132-6558-2

ÍNDICE

1. Historia del Floorball

Los Antecesores

El hockey como actividad deportiva innata de la raza humana data de tiempos remotos, encontrándose vestigios en civilizaciones diversas e incomunicadas entre sí. En Egipto se halló en el interior de una pirámide un fresco datado sobre el año 2050 antes de Cristo, en el que se puede observar a dos jugadores provistos de palos en lo que parece una posición de saque. También en el siglo V a. de C., aparecen varios jugadores en un bajo relieve del frontis de un templo griego, construido bajo el reinado de Temísclotes. Dos de ellos en una posición muy parecida a la de face-off. Durante la Edad Media, se tiene constancia de la existencia de prácticas similares, en Inglaterra donde según un manuscrito del siglo XII, el gouret francés que data de 1333, se mencionan actividades de "palo y bola". En Chile; Fray Alonso de Ovalle en 1646 menciona un juego practicado por los indígenas denominado chueca o o cineta que se jugaba con un bastón y una bola. En España se puede observar una imagen de hockey antiguo tallada en la sillería del coro de la catedral de Barcelona en el siglo XVI, también se conocía el juego de la Villorta jugado por pastores con cayados y bolas de madera. El uso de palos en forma de cayado (en la marcha, en el pastoreo, etc.) presente en todas la civilizaciones, propiciaría de forma innata el golpeo de objetos como forma de distracción, creándose no sólo el hockey sino también otras actividades como el golf, críquet, polo, etc. (Wein, H. 1991). El hockey hielo, también tiene una aparición remota. Se tiene constancia de pinturas del siglo XII en las que se observa a patinadores deslizándose con unos rudimentarios patines hechos de mandíbulas de caballo adecuadamente talladas. En cuanto al hockey sobre hielo, se puede apreciar un partido en un cuadro de Rembrant ya en el siglo XVII. En las postrimerías del siglo XIX con el desarrollo del patín de ruedas surge en USA el "roller polo", práctica que se traslado a Inglaterra y se desarrolló enormemente a principios del siglo XX culminando en 1924 con la creación en Montreux (Suiza) de la Federación Internacional de Patines de Ruedas, naciendo lo que hoy conocemos como hockey sobre patines, sin duda el juego deportivo colectivo que más triunfos ha reportado a nuestro país, y de características similares al Floorball, por el uso de la bola y el bastón o stick.

Los Inicios: El Floor hockey Americano

Su origen se puede situar en los años cincuenta en Estados Unidos como una práctica que derivó del hockey sobre hielo y fue adaptada para los más jóvenes por su sencillez a la hora de practicarlo. Se utilizó un palo y un disco o puck o pelota ligera con agujeros, ambos de plástico, para evitar los daños, que tenían lugar entre los más jóvenes cuando practicaban hockey sobre hielo. El stick original fue desarrollado por la empresa COSOM en 1958.

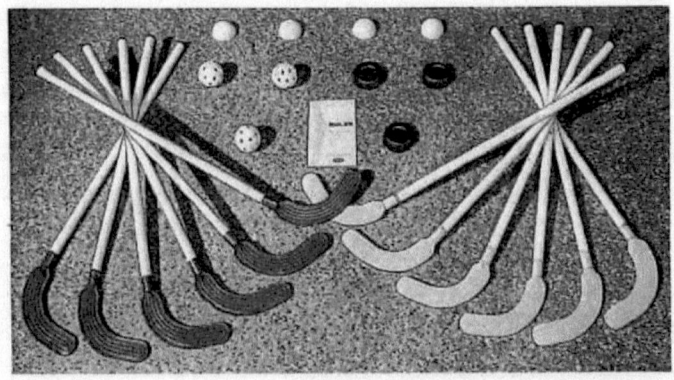

Foto1: *Juego de Sticks COSOM 1958*

Foto 2: *Torneo de Floor hockey en EEUU 1964*

Se tienen noticias de un primer torneo en Michigan en 1962. Aquél juego se denominó Floor hockey y aun es practicado en la actualidad en USA y Canadá principalmente.

Del Floorhockey Americano al Floorball Sueco

Poco tenía que ver aquella práctica con la que conocemos en la actualidad como Floorball. Como sucedió a finales del siglo XIX con el hockey sobre patines, a pesar de iniciarse en USA fue en Europa, en este caso en Suecia, donde se desarrolló y reglamentó el Floorball. En 1967 Carl-Åke Ahlqvist un joven sueco de Goteborg recibió un regalo de su hermano desde Holanda, un par de sticks de plástico que había comprado en un almacén de juguetes y pensó que sería divertido probar a jugar con los sticks.

Comenzó a jugar en varios clubes de balonmano con sus amigos, y observó que se divertían mucho con ese nuevo juego, incluso más que con el balonmano. Poco después, Carl-Åke empezó a importar sticks de plástico a Suecia. Miró el stick y observó que era una empresa estadounidense, los llamó y les pidió 100 Sticks. Comenzó a difundir el juego por colegios, clubes y asociaciones locales. La buena organización asociativa del país escandinavo facilitó la rápida difusión del floorball. En los siguientes años se empezó a jugar de forma recreativa generalmente en pequeños gimnasios, con pequeñas porterías y sin portero. En 1972 fundó la primera compañía de Floorball, UNIHOC, que aun hoy es la compañía líder en el mercado.

Sin embargo, el creador del Floorball tal y como lo conocemos en la actualidad puede decirse que fue Christer Gustavsson y el hecho tuvo lugar en la ciudad sueca de Sala. En Febrero de 1977 el padre de Christer ganó un sorteo en el club de su trabajo, el premio, una caja con doce sticks Unihoc, seis rojos y seis amarillos. Christer había terminado sus estudios de bachiller superior y planeó empezar algo para la juventud. Las escuelas de Sala habían tenido sticks desde 1976, así que Christer y algunos amigos empezaron a jugar. El interés estaba allí pero el juego no se desarrolló más que como algo recreativo. Christer y sus amigos hablaban en su apartamento con la idea de mejorar algunos aspectos y aportaron nuevas ideas. Pensaron que el Floorball podría jugarse en una cancha mayor, con porterías más grandes y un portero.

Foto 3: *Primeros años de Innebandy en Suecia. Michael Medeberg, Anders Björklund, Christer Gustavsson y Roger Nilsson.*

Estas modificaciones constituyeron un éxito. Así que el 21 septiembre de 1979 se fundó el Sala Floorball Club, y así consta como el primer club de Floorball de Suecia y del resto del mundo. Así en los años 80 unas pocas ciudades suecas desarrollaron el floorball de deporte recreativo a competitivo y semi-profesional. El primer torneo nacional se jugó en Octubre de 1980, con la participación de 18 equipos. Se puede decir que el Floorball sueco nació a finales de los setenta, se desarrolló en los ochenta y explotó definitivamente en los noventa. La práctica recibió diferentes nombres - plasticbandy, softbandy, floorbandy, innebandy o floorhockey, entre otros. La explicación a este rápido y vertiginoso crecimiento está en la tradición Sueca hacia un asociacionismo muy bien organizado, además de un sistema deportivo municipal muy desarrollado que apoya la creación de nuevos clubs, compaginando perfectamente el deporte recreativo y para todos, con el competitivo. Todo esto culmina con la creación el 7 de noviembre de 1981 en la ciudad de Sala, de la Asociación Sueca de Floorball, conformada por 15 asociaciones locales. En 1984 ya eran más de 100 entre clubes y asociaciones, llegando a las 1000 en 1990.

El Sähly en Finlandia

Finlandia, posiblemente por proximidad y por su tradición en el hockey sobre hielo fue uno de los primeros países a los que llegó el Floorball. Se tiene constancia de una práctica llamada "sähly" influenciada del "street hockey", versión callejera del hockey sobre hielo. Ésta práctica la llevaron a Finlandia estudiantes procedentes de Suecia, que al igual que Carl-Åke Ahlqvist, trajeron consigo varios palos y bolas. Los primeros torneos se jugaron en la universidad de Helsinki en 1974.

Foto 4: *Salibandy en Finlandia 1984*

Rápidamente otros estudiantes extendieron la práctica por otras ciudades finlandesas como Hämeenlinna, Turku, Tampere, Jyväskylä y Joensuu. Se estableció como el primer deporte entre los estudiantes y todavía es hoy en día muy popular entre ellos. Las reglas del sähly son más sencillas y flexibles para los principiantes que las del floorball, sin embargo es muy difícil separar el sähly del floorball. En el sähly, 3-4 jugadores pueden estar en el campo al mismo tiempo, no hay portero y el tamaño de la portería es 90 x 60 cm. El tiempo del partido es normalmente es 2 x 15 minutos y el campo es sólo la mitad que el del Floorball. El Floorball tal y como lo conocemos en la actualidad, es decir, con porterías grandes y en campo largo comenzó a jugarse en Finlandia en 1980.

El Unihockey Suizo

En 1973 el profesor de Educación Física Rolf Widmer desarrolla en Berna un juego de hockey para jugar durante las clases. Rolf reglamenta el juego basándose en el hockey sobre hielo y éste es practicado con los alumnos de Educación Física. Poco después se juega el primer torneo escolar. En 1980, Rolf Widmer, escribe un artículo acerca del unihockey que tiene gran repercusión. El juego comenzará a jugarse de forma regular en la Universidad de deportes de Zürich-Fluntern. Él bautizó a este deporte como "hockey in room", aunque pronto lo denominó Unihockey. En 1981 se juega con bastante repercusión el segundo torneo organizado por la Universidad de Zürich-Fluntern. Ese mismo año se crea el torneo clasificatorio de Greifensee que tiene por objeto la creación de una futura liga regular. El primer campeonato suizo se juega en la temporada 82-83 siendo el equipo campeón UHC. Grün-Weiss de Zürich. El unihockey se jugaba con una bola, en sala corta (gimnasio o sala escolar), cada equipo constaba de un portero provisto de stick y tres jugadores de campo. Las diferencias entre las reglas del Floorball nórdico y el Unihockey suizo, dificultaron enormemente la cooperación internacional, aunque después de varios años de discusiones suecos y suizos llegaron a un acuerdo y unificaron las reglas del unihockey y del Floorball, aunque en palabras de los suecos "los suizos dejaron de jugar a Unihockey para jugar a Floorball". La unificación y homologación de los 80 fue de tremenda importancia y es uno de los factores principales a la hora de explicar el desarrollo vertiginoso del deporte en los años 90.

Los 80. Organización Internacional del Floorball

El 7 de noviembre de 1981 nace la Asociación Sueca de Floorball a la que le siguió la japonesa (1983), Suiza y finlandesa (1985). El 28 de septiembre de 1985 se juega el primer partido internacional entre Suecia y Finlandia con la victoria de los primeros por 13 a 1, aunque el honor de marcar el primer gol en un partido internacional fue para el finlandés, Pekka Kainulainen.

El 12 de Abril de 1986 se crea en Huskvarna (Suecia) la IFF Federación Internacional de Floorball, integrada por las asociaciones de Suecia, Suiza y Finlandia, siendo nombrado presidente el Sueco de origen húngaro András Czitrom. El primer partido internacional fuera de los países nórdicos tiene lugar entre Suiza y Suecia el 13 de Abril de 1987 en Zürich. Otra fecha importante es el 8 de mayo de 1988, pues Finlandia, Suecia y Suiza firman el primer acuerdo sobre las reglas del juego. En 1989 se crea la Asociación danesa y la húngara, aunque esta se reorganiza como nueva asociación en 1997.

Las Competiciones Internacionales

Selecciones Nacionales

Los primeros partidos internacional fueron jugados el 28 y 29 de Septiembre de 1985 entre Suecia y Finlandia. El combinado Sueco ganó ambos encuentros con los resultados de 13 a 1 y 5 a 1. Al año siguiente se jugaron en Finlandia otros dos partidos produciéndose la primera victoria finlandesa por 3 a 2.

En Marzo de 1989 se juega en Suiza el torneo tres naciones entre Suecia Suiza y Finlandia con la victoria del equipo Sueco seguido de Finlandia y Suiza. En 1990 vuelven a jugar encuentros entres los tres países y en 1991, Se juega en Marzo un torneo tres naciones en Suiza y otro en Octubre en Suecia, en ambos, la victoria es para el combinado Sueco. En 1992 se juegan cuatro encuentros internacionales. Noruega juega sus dos primeros partidos contra Finlandia el 21 y 22 de Febrero con los victorias para Finlandia por 12 a 2 y 7 a 0. En Septiembre de ese mismo año, en Suiza se producen dos empates (7 a 7 y 3 a 3) entre Suiza y Suecia.

En 1993 Dinamarca debuta en dos partidos internacionales frente a Noruega. El 8 de Mayo, se juega el primer partido internacional en categoría femenina entre Suecia y Noruega con victoria para el combinado Sueco por 6 a 0.

En Mayo de 1994 se juega en Helsinki el primer campeonato de Europa masculino con la participación de 8 selecciones: Suecia, Finlandia, Rusia, Noruega, Dinamarca, República Checa, Hungría y Suiza. Suecia consiguió el primer puesto seguida de Finlandia, Suiza y Noruega. En ambas categorías se juega en Noviembre en Suiza el torneo tres naciones entre Suiza, Suecia y Finlandia. Con Vitoria para las selecciones Suecas.

En 1995, se incrementa el número de encuentros internacionales. En Mayo se juega en Suiza el primer Europeo Femenino y el segundo masculino. La participación de Japón en ambas categorías hace que este torneo se celebre como Open. Participan 8 combinados femeninos y 11 masculinos. Suecia se hace con el título en categoría femenina y Finlandia (en los penaltis) en la masculina.

En 1996 se celebra el primer campeonato del mundo con la participación de doce selecciones. A la final acuden 15.106

espectadores que llenan el Estocolmo Globe Arena. Ese mismo año comienzan a jugarse partidos sub- 19.

En el año 1998 comienza a jugarse el mundial B en categoría masculina debido al elevado número de selecciones participantes. Entre ambas categorías ese año participan 14 equipos, 8 equipos en el mundial A y 6 en el B.

Los campeonatos del mundo en categoría femenina comienzan a disputarse en 1997, y continúan disputándose cada año impar. En 1999 se crea la división B, con una participación total de 12 equipos.

En categoría masculina en 2004 comienza a disputarse el mundial C llegando en 2008 a una participación total de 29 combinados nacionales. En 2009 cambió el sistema de clasificación, asemejándose al de otros deportes. Se realizan diversos grupos de clasificación, jugando fases previas que dan derecho a participar en la fase final

Desde 1996 hasta la fecha se han disputado doce campeonatos del mundo en categoría masculina. En 2020 el campeonato ha sido aplazado por la pandemia del coronavirus. Suecia ha sido campeona en ocho ocasiones (las seis primeras) y Finlandia en cuatro, la primera en 2008.

En categoría femenina, también con doce campeonatos disputados, Suecia ha conseguido el "oro" en nueve ocasiones, ganando todos los campeonatos celebrados desde 2007. Finlandia ha conseguido dos campeonatos y Suiza uno.

Suecia y Finlandia, por este orden también son claros dominadores en sub-19, tanto en categoría masculina como en femenina.

El Floorball en España

En España el Floorball se introdujo a principio de la década de los noventa, importado de Suecia por la empresa aragonesa ELK-Sport. Se difundió rápidamente como deporte ligado a la Educación Física tanto en colegios como en centros de secundaria. En 1998 se crea la AEUF (Asociación española de unihockey y floorball), y comienzan a parecer los primeros clubes en el área de Madrid (los Osos) y Leganés. Casi al mismo tiempo se crea el Club Unihockey Fuengirola. A partir de ahí se va extendiendo por la Sierra de Madrid (El Escorial), y por otras localidades de la Costa del Sol y Andalucía, como Marbella y Granada, y Asturias. En la Costa del Sol, la importante colonia escandinava de éste área ha contribuido a la expansión de este deporte. En la actualidad se juegan ligas locales en Madrid y liga Nacional.

España ha participado en los campeonatos del mundo desde Helsinki 2002. En 2004 y 2006 Leganés y El Escorial han organizado el mundial C en categoría masculina con la participación de España que consiguió los subcampeonatos en ambas ediciones. En categoría femenina el debut se produjo en Singapur 2005, y en sub-19 en Suiza 2007.

El Floorball en la actualidad

Desde 2008 el COI ha reconocido al Floorball como deporte abriéndose las puertas a la inclusión en el programa Olímpico en un futuro que se piensa que no será muy lejano dada la evolución del deporte.

A finales de 2019 había un censo de 377.000 jugadores con licencia de Floorball, y se estima que otros 400.000 practican floorball a nivel recreativo. El número de países miembros del a IFF (International Floorball Federation) es de 74, con 44 ordinarios y 30 provisionales).

Otras competiciones Internacionales

Como se ha señalado se juegan también mundiales sub-19 en categoría masculina y femenina, campeonatos del mundo universitarios y una competición Europea a nivel de clubes anualmente donde destacan los equipos, Suecos Fineses y Suizos.

2. El Reglamento

Resumen del Reglamento de la Federación Internacional de Floorball y Adaptación para la competición en España. Versión de Julio de 2018.

Disponible en AEUF: Asociación Española de Unihockey y Floorball

http://www.floorball.org

1.   Dimensiones del terreno

El terreno deberá ser rectangular de dimensiones de 40 metros de largo y 20 metros de ancho, cerrado por una banda de 50 cm de altura, con las esquinas redondeadas. La longitud máxima permitida en la línea lateral o de banda será de 44 m y la mínima de 36 m, y la anchura máxima de la línea de fondo será de 22 m y la mínima de 18 m.

2. Marcas sobre el terreno

La línea central deberá ser paralela a las líneas de fondo y dividirá el terreno de juego en dos mitades iguales. El punto central se marcará en el punto medio de la línea central. El área de portería mide 4 m x 5 m y deberá estar marcado a 2,85 m desde la línea de fondo y centradas en relación con las líneas de banda. El área del portero mide 1 m x 2,5 m y debe estar marcado a 0,65 m de la línea posterior del área de portería. La línea posterior del área del portero es la línea de gol o portería, estará centrada en relación con las líneas de banda y sobre ella se harán unas marcas con una separación de 1,6 m para colocar los postes de la portería. Los puntos de saque neutral (face-off) deberán marcarse sobre la línea central y sobre la línea imaginaria que se prolonga sobre la línea de portería, a una distancia de 1,5 m de las líneas de banda del terreno de juego.

3. Porterías

Las porterías tienen una dimensión de 160 cm x 115 cm x 40 - 65 cm, los postes se colocarán sobre las correspondientes marcas en la línea de portería. El larguero y los postes deben ser de color rojo, circulares y con las esquinas redondeadas. La parte anterior y abierta se enfrenta al punto central.

4. Duración del Juego

Tiempo regular de juego: La duración del juego deberá ser de 3 tiempos de 20 minutos cada uno con 2 periodos de descanso de 10 minutos; en los que los equipos cambian de campo y zona de sustitución. En caso de modificar la duración del juego, el partido no podrá tener una duración menor de 2 tiempos de 15 minutos. El juego es a tiempo efectivo. Esto implica que, cada vez que el árbitro toque el silbato, el tiempo se detendrá y se reanudará en cuanto la bola se ponga de nuevo en juego. En caso de que la interrupción del juego sea por causa irregular (deterioro de la bola, separación o caída de módulos de la banda, lesiones, etc.) se deberá avisar con tres toques de silbato.

1.   Tiempo extra: Si un partido finaliza con un empate, el tiempo deberá ampliarse hasta que uno de los equipos consiga marcar. El límite de tiempo extra es de 10 minutos. Si al finalizar dicho tiempo continúa el empate, el partido se decidirá con penaltis.

2.   Lanzamiento de penaltis superado el tiempo extra: Cinco jugadores de campo de cada equipo participarán en el lanzamiento de penaltys. Si después de los lanzamientos el resultado permanece igualado, los mismos jugadores deberán lanzar de nuevo hasta conseguir un resultado definitivo.

5. Participantes

1.   Jugadores: Cada equipo puede registrar como máximo a 20 jugadores en el Acta del partido o el número que se establezca en cada competición. Durante el juego, pueden participar simultáneamente sobre el terreno un máximo de seis jugadores, de los que uno será el portero. Para comenzar el partido es preciso que se encuentren 5 jugadores de campo y el portero. Si en el transcurso del partido, un equipo queda con menos de 4 jugadores el encuentro se dará por finalizado.

2.   Sustitución de jugadores: La sustitución de jugadores durante el partido puede realizarse en cualquier momento y en un número ilimitado.

3.   Árbitros: Un partido deberá ser dirigido y controlado por dos árbitros con idéntica autoridad.

4.   Mesa de Control: Un delegado deberá estar en este lugar. El delegado deberá ser neutral y responsable del Acta del partido, del control del tiempo y de la función de interlocutor.

6. Situaciones a bola parada (reanudación del juego)

1.   **Saque neutral (Face-off)**: El Saque neutral se realiza al comienzo de cada período de juego, como saque inicial, y después de que un gol haya sido marcado. Cuando el juego ha sido interrumpido y ninguno de los equipos tiene derecho a jugar un saque de banda, golpe franco o lanzamiento de penalty. El saque se realiza desde el punto correspondiente (face-off) más próximo, en función del lugar en que se produjo la interrupción. Todos los jugadores, excepto los que intervienen directamente en el saque, deberán situarse como mínimo a una distancia de 3m. en relación con la bola, incluidos los sticks. En el saque neutral toma parte un jugador de cada equipo. Cada jugador se coloca de frente a la línea de fondo del equipo contrario, con los pies perpendiculares a la línea central y guardando con ambos la misma distancia hasta dicha línea. Los sticks serán mantenidos con ambas manos por encima de la línea de la empuñadura, su pala estará perpendicular a la línea central y a cada lado de la bola, sin tocarla. En el saque neutral la bola puede ir directamente al interior de la portería.

2.   Situaciones que conducen a un saque neutral: Cuando la bola, involuntariamente, sufre alguna modificación o no puede ser jugada (es aplastada). Cuando las piezas que componen las bandas han sido separadas y la bola se encuentra cerca de dicha zona. Cuando la portería se desplaza de forma involuntaria y no puede ser puesta de nuevo en su sitio en un tiempo razonable. Es responsabilidad del portero poner la portería en su sitio tan pronto como sea posible. Cuando ocurre una lesión que afecta a la continuidad del juego o se produce una situación anormal. Cuando un lanzamiento de penalty no termina en gol. Esto también incluye cuando un lanzamiento de penalty no es correctamente realizado. Cuando los árbitros no son capaces de decidirse por un golpe franco o un saque de banda en favor de uno de los equipos. Un saque neutral puede ir directamente a gol.

3.   **Saque de banda (hit-in):** Tiene lugar cuando la bola abandona el terreno de juego por encima de la banda. El saque se realiza desde el lugar por donde salió la bola, a 1,5 m de la banda, nunca detrás de la línea imaginaria que se prolonga sobre la línea de portería. Los jugadores contrarios deberán respetar una distancia mínima de 3m en relación con la bola. El jugador que saca debe golpear la bola, no arrastrarla o desviarla. El jugador que saca no puede jugar de nuevo la bola hasta que otro jugador la haya tocado. Se puede conseguir gol directamente con un saque de banda.

4.   Situaciones que provocan un Saque de banda: Cuando la bola traspasa totalmente la banda. Cuando la bola toca el techo o posibles objetos situados por encima del terreno de juego.

5.   **Golpe Franco (Free-hit):** Se produce cuando un jugador comete una infracción contra el reglamento. La bola la pone en juego el equipo contrario al infractor. El saque se realiza desde el lugar en que se cometió la infracción. Nunca se realizará por detrás de la prolongación de la línea de portería, ni a menos de 3,5m del área del portero. Los jugadores contrarios deben respetar una distancia mínima de 3m en relación con la bola, incluidos los sticks. El saque se realiza mediante un golpeo a la bola, no arrastrándola o desviándola. El jugador que saca no puede jugar de nuevo

la bola hasta que ésta haya sido tocada por otro jugador. Puede conseguirse gol como consecuencia del saque directo de golpe franco.

Situaciones que provocan un Golpe franco: Cuando un jugador golpea, eleva o da una patada al palo del oponente. Cuando un jugador de campo, con la bola bajo control o intentando recuperarla, golpea con su palo el pie o pierna del oponente. Cuando un jugador de campo eleva la pala de su palo por encima de la cadera en el movimiento anterior o posterior al golpeo de la bola. Cuando un jugador de campo eleva su palo por encima de la cabeza de un oponente. Cuando un jugador de campo usa cualquier parte de su palo, pie o pierna para jugar la bola por encima de la altura de la rodilla. Cuando un jugador de campo coloca su palo, su pie o su pierna entre las piernas o los pies del oponente. Cuando un jugador con control de la bola, o intentando recuperarla, fuerza o empuja a un oponente con el hombro. Cuando un jugador con control de la bola, tratando de recuperarla o tratando de conseguir una posición mejor, corre, anda o se dirige hacia un oponente y le desplaza hacia atrás. Cuando un jugador de campo da dos patadas a la bola, a menos que ésta toque el palo del jugador entre medias, a otro jugador, o la equipación de otro jugador. Cuando un jugador de campo está en el área del portero. Cuando un jugador de campo mueve intencionadamente la portería contraria. Cuando un jugador de campo obstruye pasivamente el saque del portero. Cuando un jugador salta y para la bola. Cuando un jugador de campo juega la bola desde fuera de la pista, es decir teniendo uno o ambos pies fuera. Cuando un portero sale completamente del área de portería durante un saque de portería, es decir, cuando ninguna parte de su cuerpo toca en el área de portería. Cuando un portero lanza la bola más allá de la línea central sin que bote antes en su campo o toque a algún jugador. cuando un portero recibe un pase de un jugador de campo del mismo equipo, cuando un portero tiene el control de la bola durante más de tres segundos, cuando un saque de banda o un golpe franco es ejecutado incorrectamente o retardado intencionadamente, cuando una expulsión es impuesta durante el juego, cuando un jugador retrasa el juego, cuando un equipo pierde tiempo y cuando un jugador de campo juega la bola con la cabeza.

1.   Lanzamiento de Penalty: El Penalty tiene lugar como consecuencia de una infracción al reglamento. Se pone en juego la bola desde el punto central. Todos los jugadores, excepto el que realiza el penalty y el portero, deberán estar en su zona de sustitución hasta que termine la jugada. El portero estará sobre la

línea de gol cuando se inicia la jugada de penalty. El jugador que lanza el penalty se sitúa en la línea central y puede jugar la bola un número ilimitado de veces en un movimiento continuo hacia la portería.

2.   Situaciones que conducen al Lanzamiento de Penalty: Se sancionará con el lanzamiento de Penalty cuando, en una situación clara de gol, un jugador del equipo defensor comete una infracción para evitar que el ataque progrese.

7. Sanciones: Expulsiones

El jugador que manifieste una conducta indebida en el juego puede ser objeto de diferente tipo de sanción, en función de su intencionalidad o gravedad. El jugador sancionado deberá estar en el banquillo de penalización mientras dure la sanción.

1.   Banquillo de penalización: El jugador que comete una falta y debe sentarse en el banquillo de penalización no puede ser reemplazado por otro jugador mientras dure el tiempo de sanción.

2.   Expulsión de 2 minutos: Si el equipo contrario marca durante una sanción de dos minutos, dicha sanción finalizará, a menos que el mencionado equipo se encuentre con mayor o igual número de jugadores en el campo. Si el portero es sancionado con dos minutos de expulsión, el capitán del equipo elegirá a un jugador de campo para que cumpla la sanción.

3.   Sanción retardada: Una sanción retardada implica dar al equipo no infractor la posibilidad de continuar el ataque hasta que el equipo contrario recupere la bola o el juego sea interrumpido.

4.	Acciones que provocan una Expulsión de 2 minutos: Cuando un jugador golpea, obstruye o da una patada al palo del oponente con la intención de sacar ventaja o sin posibilidad de alcanzar la bola. Cuando un jugador de campo intenta jugar la bola por encima del nivel de la rodilla con cualquier parte de su palo o su pie, sacando con ello ventaja. Cuando un jugador comete juego peligroso. Cuando un jugador empuja al oponente contra las bandas o la portería de forma incorrecta. Cuando un jugador placa o hace tropezar al oponente, para intentar recuperar la bola. Cuando un jugador agarra a un contrario. Cuando un jugador obstruye a un contrario sin control de la bola. Cuando un jugador de campo obstruye activamente el saque del portero contrario, es decir, siguiendo al portero o tratando de recuperar la bola con su palo. Cuando un jugador viola la ley de los 3 m. en un saque de banda o un golpe franco. Cuando un jugador para o juega la bola desde sentado o tumbado. Cuando un jugador de campo para o juega la bola con su mano, su brazo o su cabeza. Cuando un jugador reincide en faltas que derivan en un golpe franco. Cuando sistemáticamente un equipo pierde tiempo. Cuando un jugador sancionado abandona el banquillo de penalización antes de que su sanción termine (aunque no entre en la cancha) o cuando se niega a abandonarlo cuando se le ordena. Cuando un equipo juega con un número incorrecto de jugadores. Cuando un jugador intenta jugar sin el palo. Esto no incluye al portero.

5.	Expulsión de 5 minutos: Si el equipo contrario marca durante una expulsión de 5', la sanción no termina. El portero que sea sancionado con una expulsión de 5' en el banquillo la tendrá que cumplir él mismo

6.	Acciones que conducen a una Expulsión de 5 minutos: Cuando un jugador de campo, con control de bola o intentando recuperarla, golpea violenta o peligrosamente con su palo. Cuando un jugador usa su palo para enganchar a un oponente. Cuando un jugador lanza su palo u otra parte de la equipación para golpear a la bola. Cuando un jugador, intentando recuperar la bola, se lanza sobre el oponente o le ataca de forma violenta. Cuando un jugador, con control de la bola o intentando recuperarla, placa al oponente contra las bandas o la portería. Cuando un jugador provoca repetidas faltas sancionadas con 2 minutos de banquillo.

7.	Expulsión definitiva: Un jugador o miembro del cuerpo técnico que es sancionado con una expulsión definitiva tendrá que irse inmediatamente al vestuario y no podrá participar más en el juego.

8.	Acciones que conducen a una expulsión definitiva: Cuando un jugador que no está inscrito en el Acta del partido participa en el juego. Cuando un jugador interviene en una pelea. Cuando un jugador, por segunda vez, comete una falta sancionada con 5 minutos de banquillo. Cuando un jugador enojado rompe su palo o equipación.

8. El gol

El gol deberá concederse si ha sido correctamente marcado. Se confirmará con el saque neutral desde el punto central. Se considera marcado correctamente, si la bola traspasa completamente la línea de gol desde la parte frontal de la portería después de haber sido jugada reglamentariamente por el stick del jugador. Si la bola entra correctamente en la portería después de que un defensor la desvíe con su cuerpo o stick, o de que un atacante la desvíe involuntariamente.

3. Juegos técnicos para la iniciación en el Floorball

Objetivo: Se busca un método que enfrente el máximo tiempo posible al niño con el palo y la bola, en presencia de compañeros y adversarios en la mayor parte de las ocasiones. Esta circunstancia es de gran importancia en países como el nuestro donde este juego no tiene un elevado carácter cultural como sucede en Escandinavia, donde además de en los clubes los niños están en contacto con el stick y la bola en el colegio (recreos) o en la calle incrementando las horas de entrenamiento de los clubes. Es algo similar a lo que sucede en España con el fútbol "en la calle". Por este motivo es necesario aprovechar al máximo el tiempo de entrenamiento en los propios clubes.

1. Stickhandling

Son ejercicios de de habilidad individuales de stick y bola de carácter más analítico, pero que tienen gran importancia en el proceso de iniciación deportiva. Hay gran variedad de ejercicios y habilidades, aunque proponemos una serie de ideas básicas.

En el sitio sin mover los pies: Golpeos con ambas caras del stick a izquierda y derecha, golpeos izquierda y derecha y adelante y atrás, golpeos en "ocho" entre dos conos bajos (setas). Golpeos con las dos caras del stick, elevación de bola y volver a bajarla.

Golpeos con movimiento de pies en distancias cortas. Sorteando una superfice con setas, sin tocarlas, movimientos izquierda derecha, elevación de bola, bajarla y pase a una pared, golpeos contra una pared y movimientos adelatne atrás, iquierda derecha, hacerlos rasos primero y elevados después, permitir bote entre cada golpeo a la pared y hacerlos todos en el aire sin que caiga. Elevar bola y controlarla mientras cae sin que caiga al suelo.

Estos ejercicios de stickhandling deben realizarse como un juego de manera individual o en parejas casi a diario para ir refinando la técnica individual. Con diez o quince minutos al día puede ser suficiente. Desde youtube, con la búsqueda floorball stickhandling drills o Stickhandling Tricks, se pueden conseguir gran variedad de ejercicios de este tipo.

2. Juegos de calentamiento

Juegos genéricos. Son juegos no específicos, de persecución, e habilidad, de agilidad, etc. Que se pueden incluir en las sesiones de entrenamiento.

Juegos genéricos de calentamiento con palo y bola. Con el fin de respetar la premisa anterior muchos de los juegos genéricos pueden ser adaptados al propio juego, pudiéndose realizar con palo y bola.

1. Circuito cruzando porterías: Utilizando medio campo (20 x 20 m), y en grupos de 5 o 6, conduciendo la bola deben cruzar 6 o 7 porterías colocadas con conos sobre el terreno de juego y volver al punto de partida lo más rápido posible. Deben ir contando en voz alta las porterías para comprobar que las cruzan todas. Variante con Relevos. Se hacen varios equipos de 3 o 4 jugadores cada uno Variante 2, mayor dificultad: Colocar bancos o mini-vallas y elevar la bola por encima, combinar bancos y porterías, colocarlas más juntas o más separadas, más número, etc.

2. Posesión: Conduciendo por toda la cancha, y en parejas (uno con bola y el otro sin ella), los alumnos con posesión de bola intentan que el otro componente no se la quite. Variantes: En parejas y a la voz de "ya" los alumnos con posesión deben acudir a un círculo o cuadrado central. Misma dinámica pero se puede quitar la bola a cualquier persona del grupo (variar los porcentajes de jugadores sin bola (80 – 50 – 40 – 20 %).

3. Bolas fuera: (todos con bola y a expulsar) En grupos de 3 o 4, intentan echar fuera las bolas de los demás en el menor tiempo posible. Variante. Cuando eres eliminado se debe hacer un circuito – técnico tras el mismo se puede volver a jugar.

4. El pilla pilla: Se introducen 4 o 5 bolas o más. Todos con palo. (No se puede pasar "pillar" tocando con el palo, debe ser con la mano, tocando la espalda de la otra persona. El que se la lleva, no podrá

pillar a un jugador en posesión de la bola. Los que tienen bola, deben pasarla, y no pueden mantener la posesión más de 5 segundos.

5. Los virus: Dos o tres jugadores sin bola, tratan de recuperarla. En el juego hay casas (porterías con dos conos) en las que no se puede quitar la bola. (en las zonas seguras, solo podrá haber un jugador, si entra otro, el que estaba dentro tiene que salir y no puede volver a entrar en la misma zona.

6. El Séptimo de caballería: Todos los jugadores con palo y bola se colocan en un fondo del campo. En el centro uno o dos jugadores sin bola tratarán de recuperarla moviéndose lateralmente, al paso del grupo que deber ir pasando de un fondo al otro. Cuando un jugador recupera una bola, el que la ha perdido se queda en el centro y el primero se incorpora al grupo. Variante: El juego se hace eliminatorio hasta que todos los jugadores acaban en el centro.

7. Blanco y negro con palo y bola: En el centro del campo los jugadores se sitúan por parejas espalda contra espalda. A cada grupo se le asigna un color (blanco o negro). Cuando el profesor grita el color asignado los chicos conducen la bola a máxima velocidad hasta la línea de fondo. Los del otro color se dan la vuelta y persiguen a los primeros intentando quitarles la bola. Si llega a la línea de fondo 1 punto, si por el contrario le quitan la bola, el punto es para el otro jugador.

8. Todos a un extremo (Área): Los jugadores conducen la bola por el campo de juego. A la señal del profesor (1 o 2 o un pitido o dos) los jugadores deben ir al área consignado (1 o 2) Los 2 últimos que lleguen serán penalizados.

2. Juegos de habilidades y capacidades básicas:

Juegos de Conducción y persecución

1. El Tunel: Con dos conos o la ayuda de un compañero con las piernas separadas, el jugador con bola trata de pasarla a un lado y otro durante 30 segundos. Variante: deberá realizar un número fijo de pases.

2. El Ocho: Con dos mini-conos en el suelo el jugador conduce la bola repetidas veces haciendo la figura de un ocho.

3. Rueda de conducción: En grupos de 4 se colocan dos conos a 15 metros de distancia con dos jugadores en cada cono. El primer jugador conduce a máxima velocidad 15 metros, se la deja al otro jugador y se coloca a la fila. Se hace una rueda durante un tiempo de 4 o 5 minutos.

4. Conducción ida y vuelta sobre dos líneas: (Se puede exigir una técnica determinada). A la señal del profesor los jugadores conducen la bola en un sentido y al llegar a la línea convenida giran y vuelven con la bola controlada. Puede hacerse individualmente o en grupos.

5. Conducción con giros: Se colocan 4 o 5 conos a 3 metros de distancia. Conduciendo la bola el jugador avanza dos conos, gira y retrocede uno, y así sucesivamente hasta llegar al final. El juego puede hacerse en relevos.

6. Conducción en cruz: Se colocan 4 conos a 10 metros de distancia en forma de cruz (dos jugadores por cono, 8 jugadores). A la señal dos, tres o incluso 4 jugadores salen hacia el cono situado en frente intentando evitar el choques con el resto de jugadores. De esta manera deberán conducir levantando la cabeza.

7. Conducir por todo el terreno busco al compañero sin bola "digo el nombre", voy hacia él y le paso la bola.

8. Se colocan cuatro cuadrados de 5 x 5 metros en el campo. En cada uno de ellos 4 0 5 jugadores conducen la bola. A la voz de "YA" o señal visual todo el grupo ha de cambiar de cuadrado. Se pueden introducir incentivos y puntuaciones para los primeros y últimos en llegar.

9. Buscar el cono libre (Como el juego de la silla): Se colocan un número de conos en el campo (siempre uno menos que el número de jugadores). A la voz de ya se conduce la bola hasta un cono. Se elimina al jugador que se queda sin cono.

10. Regate a la derecha o a la derecha o a la izquierda. (Exigir técnicas). Se colocan dos conos y a la señal deberán sortear por un lado u otro. Se pueden exigir distintos tipos de regates.

11. Juegos en Cuadrados de 5 x 5 m: Conducciones y Persecuciones. 1:1 Saliendo por un lado. Carreras sin bola, etc. Los dos con bola, uno (el que persigue) sin bola, etc. El que lleva bola tiene 1 lado de ventaja.

Juegos de de recepción, pase y tiro a portería

1. Pase contra una pared: Fuerza – Dirección – Trayectoria (a ras de suelo, para ir buscando pases a diferentes alturas).

2. Juego de los números: En grupos de 3 o 4. Cada jugador posee un número. Se selecciona una zona de una pares (4 o 5 metros). El jugador que lanza a la pared dice un número en voz alta, y el que tiene ese número asignado debe realizar el siguiente pase y vuelve a decir otro número. Si falla el pase o rebota fuera de la zona seleccionada el jugador es penalizado o eliminado.

3. En grupos de 3, pases de parado a 10 m. a través de una portería (2 m.) situada a la mitad de la distancia. Después del pase el jugador va al lugar donde se pasa. En la recepción hay que evitar que la bola se eleve tras la misma. Variantes: variar la distancia del pase, la anchura de la portería. Hacer 5 metros de conducción y luego pase, etc.

4. Torpedo: Dos jugadores se pasan una bola, el resto colocados perpendicularmente a estos dos, intentan, lanzando bolas desviar la trayectoria de la primera bola.

5. Juego de las dos porterías y trata de meter las bolas por éstas. Se consigue amagar la trayectoria del pase. Variante: con uno detrás que recepciona el pase. Posteriormente intentar cruzar las porterías (amago – finta y regate).

6. Pase a través de una línea de fondo de 10 m. (Profundidad 15 m.) Con dos atacantes y dos defensas.

7. Pases alrededor del cuadrado con uno en cada esquina.

8. En un cuadrado con un jugador en cada esquina y uno en el centro. Pases del centro a las esquinas. Variante: Pase al del centro y voy al centro y el del centro sale.

9. Dos campos en un cuadrado: pase entre 3 en medio campo y tiro para pasar la línea de fondo.

10. Pase desde una esquina y tiro a portería. 11.Rueda de tiro a portería.

12. Pase a un pivote (apoyo) devuelve y tiro a portería.

13. Entradas a portería: Entrada 1 contra portero, 2 contra portero, 3 contra portero. 2 contra 1 (pasivo – activo) 3 contra 1, 3 contra 3.

14. Rueda de tiros. Desde el centro desde un lado. Entrada + tiro o amagar + tiro o pase. Entrada de uno con pase atrás + tiro.

Algunos de estos ejercicios y ruedas de tiro se explican con mayor detalle en el capítulo 4.

Juegos de Defensa, regate y fintas.

1. Juego 1 contra 1 con portería de 1 m. Se colocan dos conos a modo de portería. Valen los goles de ambos lados de la misma.

2. Se colocan dos porterías de 2 metros de ancho separadas por una zona central de 3 metros. El defensor se coloca en esa zona central e

intentará defender a un jugador atacante con palo y bola que trata de penetrar por cualquiera de las dos porterías de 2 metros.

3. Entrada a un jugador que conduce en línea recta. Que el defensa no se coloque sobre el avance sino que asuma una posición no frontal ofreciendo un lado, luego será el lado que más nos interese.

4. Finta defensiva: Cuando el atacante está a tres metros damos un paso adelante y luego retrocedemos 2 o 3 a ver la respuesta del atacante. Si se separa la bola entonces decide entrar.

5. En un cuadrado 3 con bola y uno sin ella. El defensa tiene que expulsar las tres bolas. Podemos limitar las entradas por ejemplo con 5 entradas contabilizar el número de bolas que echa fuera.

6. La JAULA, un defensa encerrado en un cuadrado En cada lado de cuadrado habrá un jugador con bola. A la señal del entrenador, los jugadores con bola cambian de lado y el del centro trata de robar la bola a alguno de ellos. Si lo consigue el que la ha perdido quedará en el centro.

7. Juego 1 contra 1 con 4 porterías (en los fondos y en los laterales).

Juegos Simplificados

Juegos 2 contra 1 y 2 contra 2

1. 2 contra 1 en porterías anchas. Cada equipo hace 10 intentos o un equipo ataca 2 minutos alternativamente las porterías. En cada lado se coloca un defensa. El gol se consigue cuando se atraviesa la portería con la bola controlada. La anchura de la portería es variable pero se sitúa entre 4 y 6 metros.

2. 2 contra 2 en porterías cruzadas (4 porterías) de 8 m de ancho en un cuatro de cancha. Igual que antes el gol se consigue cruzando las porterías con la bola controlada.

3. 2 contra 2: En porterías anchas. Igual que el ejercicio 1 pero en situación de 2 contra 2.

4. 2 contra 1 sobre una portería con contraataque. Si el defensa recupera pasa a otro compañero situado en un campo opuesto que intentará atravesar la portería.

5. 2 contra 2 en una zona central intentando pase en profundidad a un compañero que está al otro lado de las porterías (en cada campo hay dos porterías de 2 metros, separadas 4 metros entre sí. El gol se consigue cuando la bola entra por una de las dos porterías y la controla el compañero (apoyo) situado detrás de ellas. El apoyo ha de moverse hacia una u otra portería en función de las posibilidades de pase.

6. Cuadrado de 10 x 10 metros, mantener la posesión en situaciones de 2 contra 1.

Juegos 3 contra 3

1. 3 contra 0 hacia 2 porterías situadas en una línea de fondo o hacia el portero.

2. 3 contra 1 en un cuadrado y 2 contra 1 en el otro. En el 3 contra 1 cuando el defensor recupera la bola la pasa a la otra mitad a sus 2 compañeros y el defensor del otro equipo intenta recuperar.

3. 3 Contra 0 cuando dan 5 pases entra un rival, si dan 5 más entra otro y así sucesivamente hasta que la pierdan.

4. 3 contra 1 en cuadrado y dos compañeros a ambos lados del cuadrado cuando recupera intenta pasar a uno de ellos, si llega la bola a uno de esto se invierten los roles.

5. Juegos anteriores en situaciones 3 contra 2

6. Mantener la posesión en cuadrado (3:1 – 3:2 – 3:3 y en inferioridad 2:3 - 3:4). Cada 10 pases se consigue un punto.

7. Cuadrado con 3 o 4 porterías dentro. El gol se consigue cuando paso la bola a través de una portería y recepciona un compañero. Situaciones superioridad, igualdad, inferioridad: 2:2 – 2:1 – 3:3 - 3:1 – 3:2

8. Cuadrado de 4 contra 0 a 4 contra 4. Un equipo de 4 jugadores comienza a tener posesión, a la señal del entrenador un jugador del equipo rival entra a robar la pelota, a los 15 segundos entra el segundo, a los 30 segundos entra el tercero y a los 45 segundos entra el cuarto. Se va cambiando el orden de entrada de los jugadores para que el tiempo defensivo sea similar en todos. El equipo atacante hace 4 series (4 minutos) y luego se cambian los roles, de manera que el tiempo total de trabajo es de unos 8 minutos. Se pueden hacer series de dos minutos, entrando cada jugador cada 30 segundos.

4. Ejercicios para el desarrollo de la técnica

Ejercicio 1   **Objetivo:** Pase al espacio libre, control de bola y tiro de arrastre.

Dificultad: Media

Trabajo técnico:	🏀 🏀 🏀
Trabajo Táctico:	🏀
Trabajo Físico:	🏀 🏀

DESCRIPCIÓN: Se forman dos filas en el centro del campo a metro y medio del rink. El primer jugador de cada fila tiene una bola que pasa al centro, donde el primer jugador de la otra fila, que ha salido corriendo recepciona y tira de arrastre. El jugador que ha dado el pase, sale a continuación sin bola al centro a recibir el pase de otro jugador de la otra fila para controlar y tirar. Se sigue la rueda buscando sincronización en el pase y velocidad. El portero ha de moverse a un lado siguiendo la trayectoria de los pases y saliendo al borde del área pequeña en los tiros.

GRÁFICO:

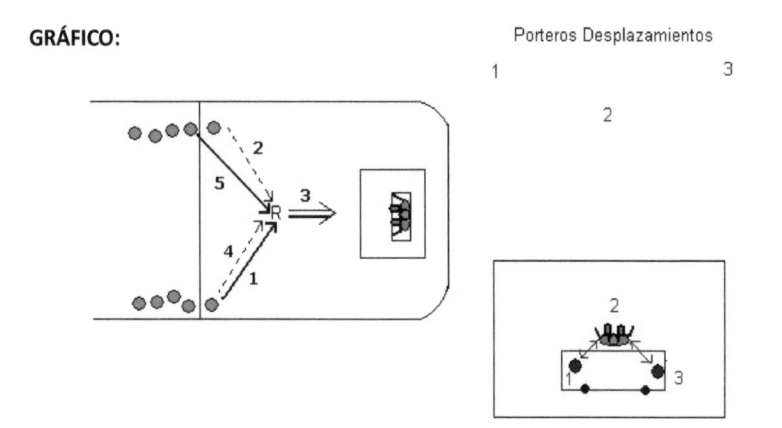

OBSERVACIONES: Es muy importante estar atento al pase y disponer de suficientes bolas para que no se pare el ejercicio. Debido a la alta intensidad para los porteros es conveniente cambiar de portero cada minuto.

Ejercicio 2   **Objetivo:** Pase al espacio libre y tiro de golpeo directo.

Dificultad: Media - Alta

Trabajo técnico:	⚫ ⚫ ⚫
Trabajo Táctico:	⚫
Trabajo Físico:	⚫ ⚫

DESCRIPCIÓN: Se forman dos filas en ambos laterales sobre el centro del campo. El primer jugador de cada fila tiene una bola que pasa al primer jugador de la otra fila, que se ha adelantado previamente unos 10 metros. Éste tira según viene desde el lateral golpeando la bola con fuerza. El jugador que ha dado el pase, se adelanta igualmente unos 10 metros a recibir el pase de otro jugador de la otra fila. Se sigue la rueda buscando sincronización en el pase y velocidad. El portero ha de moverse a un lado siguiendo la trayectoria de los pases tapando el ángulo de tiro.

GRÁFICO:

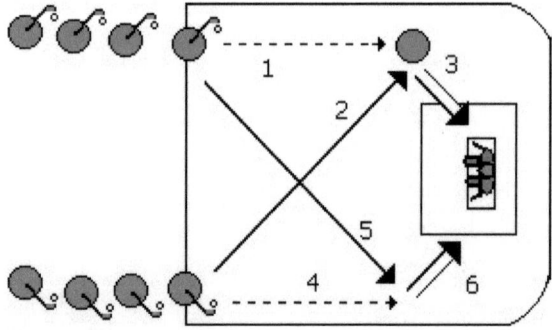

OBSERVACIONES: Los pases deben ser fuertes y precisos sobre la pierna más adelantada del tirador e incluso más adelantados. El stick debe estar en posición de disparo antes de que llegue la bola. La dificultad técnica es mayor por el lado derecho para los right y del lado izquierdo para los Left.

Ejercicio 3   **Objetivo:** Tiro de larga distancia, dificultar la visión al portero

Dificultad: Media

Trabajo técnico:	🏒 🏒 🏒
Trabajo Táctico:	🏒
Trabajo Físico:	🏒

DESCRIPCIÓN: Se forma una fila en el centro del campo. Un jugador sin bola se coloca en el borde del área de 5 metros para dificultar la visión al portero. El primer jugador de la fila adelanta la bola 2 metros y tira a portería. El jugador que estaba al borde del área se aparta e intenta llegar al rechace en caso de haberlo. El jugador que ha tirado ae incorporará hasta el borde del área de 5 metros repitiendo el proceso (dificultar visión y posible rechace).

GRÁFICO:

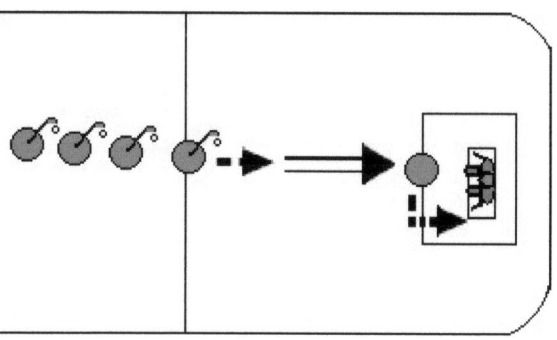

OBSERVACIONES: Los pases deben ser fuertes y precisos sobre la pierna más adelantada del tirador e incluso más adelantados. El stick debe estar en posición de disparo antes de que llegue la bola. La dificultad técnica es mayor por el lado derecho para los right y del lado izquierdo para los Left.

Ejercicio 4   **Objetivo:** Pase al espacio libre, control de bola y tiro de arrastre.

Dificultad: Media

Trabajo técnico:	⚫ ⚫ ⚫
Trabajo Táctico:	⚫
Trabajo Físico:	⚫ ⚫

DESCRIPCIÓN: Salida en fila desde la esquina pase al centro y tiro de primera. Se establece una rueda de tiro.

GRÁFICO:

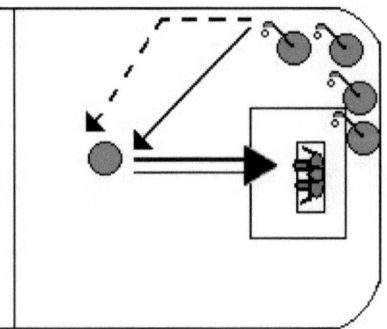

OBSERVACIONES: Se puede controlar y tirar de arrastre o   hacer   una entrada. También Colocar a un defensa.

Ejercicio 5   **Objetivo:** Pase al espacio libre, control de bola y tiro de arrastre.

Dificultad: Media

Trabajo técnico:	🏐 🏐 🏐
Trabajo Táctico:	🏐
Trabajo Físico:	🏐 🏐

DESCRIPCIÓN: Se forman dos filas en las dos esquinas. El jugador de la esquina realiza un pase al centro a un jugador que tira sin controlar a portería. El jugador que realiza el pase se coloca en el centro, recibe la bola de la fila opuesta y tira.

GRÁFICO:

A

B

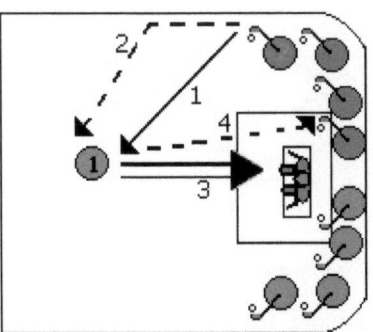
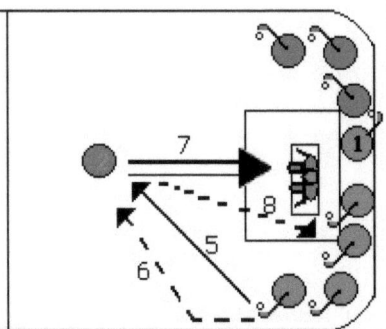

OBSERVACIONES: El jugador de una fila, después de tirar se coloca en la última posición de la fila del otro lado.

Ejercicio 6   **Objetivo:** Pase al espacio libre, control de bola y tiro de arrastre.

Dificultad: Media

Trabajo técnico:	🏐 🏐 🏐
Trabajo Táctico:	🏐
Trabajo Físico:	🏐 🏐

DESCRIPCIÓN: Se combinan distintos tipos de tiro. Una fila en el centro, en la que se colocan defensas con buen disparo lejano golpean al portero desde el centro del campo y acto seguido defienden un dos contra uno que realizan el resto de jugadores dispuestos en dos filas en ambas esquinas.

GRÁFICO:

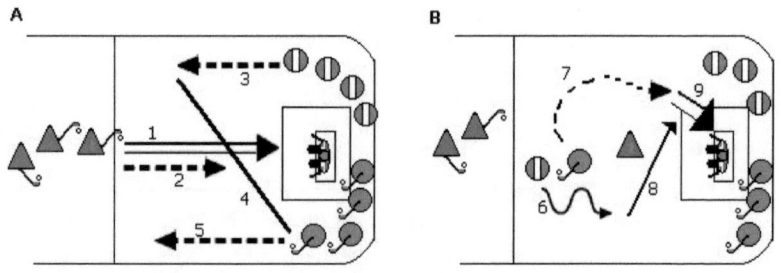

OBSERVACIONES: Es muy importante la organización en este ejercicio y buscar la precisión en los pases. La velocidad de ejecución ha de ser alta.

Ejercicio 7   **Objetivo:** Pase y desplazamiento, control de bola y tiro de corta distancia.

Dificultad: Media

Trabajo técnico:	🎱 🎱 🎱
Trabajo Táctico:	🎱
Trabajo Físico:	🎱 🎱 🎱

DESCRIPCIÓN: Se coloca una fila de jugadores con bola en la esquina inferior derecha, más 4 jugadores sin bola en las esquinas de medio campo y en el centro a 6 metros de la portería. El primer jugador de la fila con bola realiza un pase y rápidamente va a ocupar la posición del jugador al que ha pasado. Ésta pasa la bola a la otra esquina saliendo en carrera a ocupar dicho lugar. Cuando la bola llega al jugador del centro realiza un tiro, recoge una bola y pasa al último lugar de la cola.

GRÁFICO:

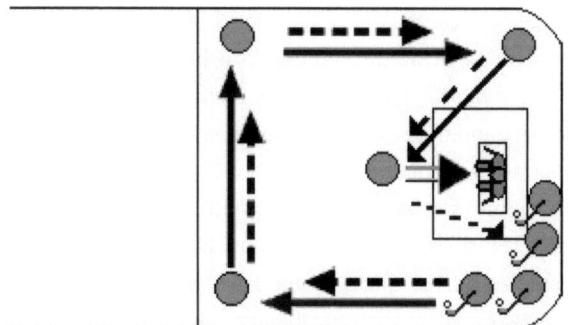

OBSERVACIONES: Realizar el ejercicio en los dos sentidos, es decir, cola de jugadores desde la esquina inferior derecha, y desde la superior derecha. En iniciación permitir dos toques más pase. A medida que el nivel técnico es mayor limitar el número de pases hasta llegar a realizar el ejercicio a un solo toque.

5. Nociones tácticas para el desarrollo de un sistema de juego

5.1. Sistema de juego.

Desarrollaremos el sistema defensivo 2:2:1 Con marcaje zonal. Se desarrolla este sistema en lugar del clásico 2:1:2 debido a que en un nivel inicial es muy difícil disponer de un jugador tan completo como para dominar todo el espacio del centro, ni física, ni táctica, ni técnicamente, por lo que se opta por repartir la responsabilidad de esa zona entre dos jugadores.

Se jugaría con dos defensas (izquierdo – derecho) dos medios (izquierdo – derecho) y un punta o delantero.

El punta, jugador más avanzado, será el encargado de comenzar la presión defensiva cuando el equipo no tenga la posesión de la bola. Inicialmente, cuando el otro equipo inicie el juego, retrasará su posición hasta el centro del campo donde comenzará la presión. Éste tratará de dirigir el ataque contrario a banda donde presionará el jugador (medio) del lado correspondiente, basculando la defensa hacia dicha banda. Se buscará una situación 2 contra 1 en banda entre el punta y el jugador medio de dicha banda (Ejercicio 1). En el siguiente ejercicio (ejercicio 2) el equipo estará más replegado y se trabajarán las situaciones en las que la bola supere la línea de jugadores medios, es decir, cuando la bola ya ha superado a dos incluso tres jugadores. Se trabajará en banda y en el centro, especialmente cuando la bola está detrás de la portería y hay un jugador en el slot en la zona central.

En la figura 1 se muestra la nomenclatura que se seguirá a lo largo del capítulo.

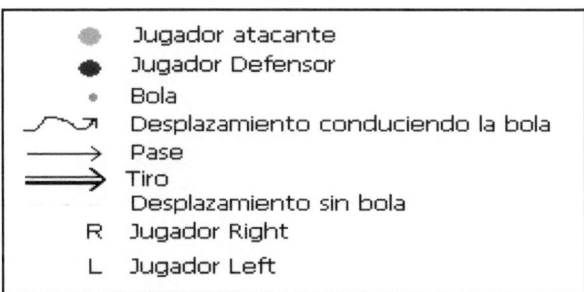

●	Jugador atacante
●	Jugador Defensor
•	Bola
◠↗	Desplazamiento conduciendo la bola
→	Pase
⟹	Tiro
	Desplazamiento sin bola
R	Jugador Right
L	Jugador Left

Figura 1. *Nomenclatura utilizada en las figuras del presente capítulo*

Ejercicio 1: Partiendo del sistema base, el jugador más adelantado del equipo defensor intenta hacer que el contrario juegue a banda. Una vez que la bola llega a la banda. El medio de dicha banda y el propio punta presionan (2 contra 1) a dicho jugador. El resto de componentes del equipo basculan hacia el lado al que va la bola. Debe trabajarse a ambos lados. El equipo contrario realizará el ejercicio de menor a mayor intensidad hasta que los movimientos de basculación se vayan automatizando (figura 2) y la velocidad sea similar a la real.

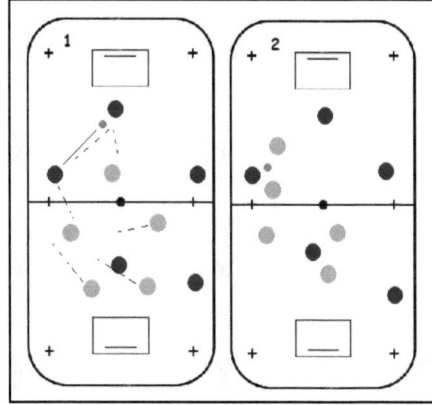

Figura 2 . *Movimientos defensivos para la presión 2 contra uno en banda en el sistema 2:2:1.*

Variante: Si en el dos contra uno los atacantes roban la bola realizan un contraataque en el que solo defenderá el jugador rival más retrasado y el portero.

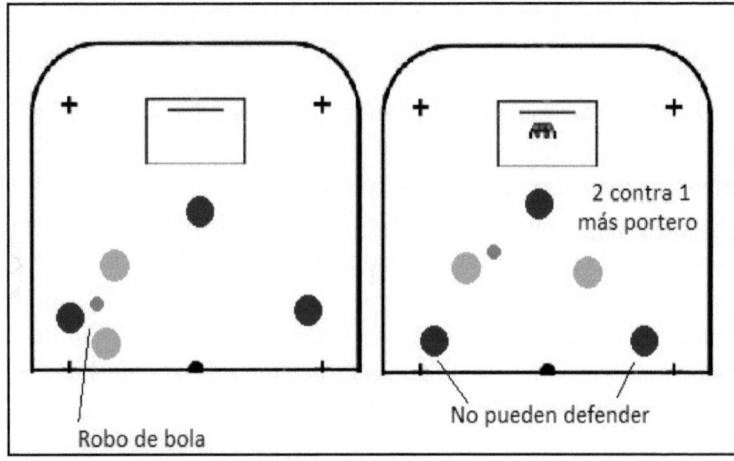

Figura 3. *Variante de contraataque después del robo de bola en banda, buscando un dos contra uno.*

Ejercicio 2: Tres jugadores contrarios parten con la bola en superioridad contra dos defensas (los dos atacantes restantes, apoyan detrás de la línea de medio campo). Los dos medios del equipo defensor parten 5 metros detrás (desde la línea divisoria del campo), intentando ayudar a los defensas si la bola se va a banda (situación 2.1 – figura 4). En ese caso el defensa se presenta ante el atacante y aguanta hasta que llegue la ayuda del medio que había sido superado por la bola. Si la bola llega detrás de la portería los defensas cierran uno en cada palo y los medios marcan individualmente a los otros dos atacantes (situación 2.2 – figura 5).

Si hay superioridad defensiva un defensa puede ir detrás de la portería a presionar al atacante con la bola. Dejar un poco más de libertad en el juego para que tanto atacantes como defensores busquen más creatividad en el juego. El entrenador deber corregir constantemente los errores.

Situación 2.1.

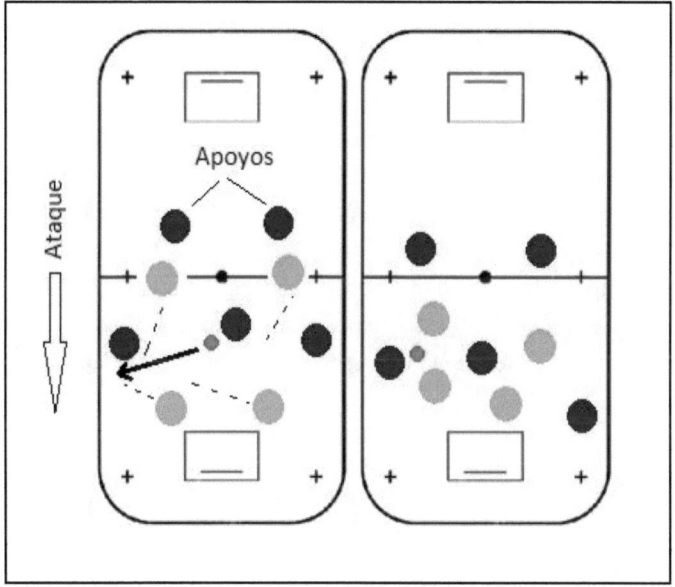

Figura 4. *Movimientos defensivos para la presión en banda en el sistema 2:2:1 en situaciones donde la bola ha superado a tres defensores.*

Situación 2.2.

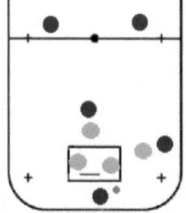

Figura 5. *Trabajo defensivo tras   defensivo tras una situación defensiva desfavorable donde la bola llega detrás de la portería. Se realiza un marcaje individual a los jugadores atacantes que buscan un pase del jugador que tiene la bola.*

En ataque el sistema de juego, sobre todo en ataques largos se transformará del inicial 2:2:1 a un 1:2:1:1 (figura 6). El defensa izquierdo tomará el centro, quedando como jugador más retrasado, el defensa derecho se abrirá a banda derecha. El medio-izquierdo se abrirá a la banda izquierda. El medio-derecho jugará en el centro, generalmente como pivote de espaldas a portería intentando apoyar en todo momento al jugador que lleve la bola hasta que ésta le supere. Se trata de que siempre existan tres posibilidades de pase, en la fase de creación del juego. El jugador más adelantado comenzará en el centro, delante de portería, para moverse en función del juego, bien apoyando las bandas, detrás de portería o delante del portero para impedir la visibilidad o buscar rechaces y bolas sueltas en el slot. Con estos movimientos queremos grantizar los principios de amplitud y profundidad, de suma importancia en la fase de ataque.

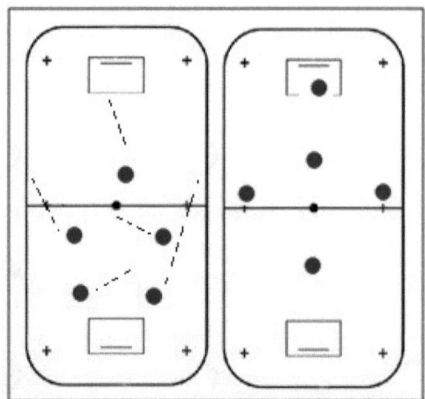

Figura 6. *Movimientos de transición del sistema defensivo 2:2:1 al ofensivo 1:2:1:1*

48

5.2. Salida de Zona

Se construye un ataque, saliendo con la bola jugada desde nuestro campo. Buscamos llegar detrás de la portería contraria en 5 pases. Desde esa zona aprovechando la rápida conducción del jugador e) se busca la entrada de nuestros jugadores más retrasados.

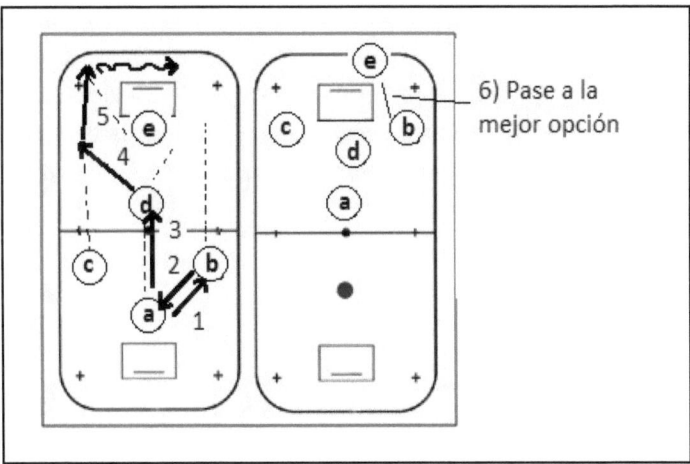

Figura 7. *Salida de zona de un equipo finalizando en tiro*

En la posición de base de ataque el jugador (a) realiza un pase a la derecha (b) y éste le devuelve la bola pasándola al jugador (d) que está de espaldas a portería y abre a la izquierda al jugador (c) que se incorpora al ataque, éste pasa al jugador (e) que previamente ha realizado un movimiento desde el centro hasta la esquina izquierda. Éste jugador pasa por detrás de la portería debiendo tener tres compañeros con opción de tiro. En el primer palo al jugador (c) que después de realizar el pase ocupa dicha posición, al jugador (d) que tras abrir el juego a la izquierda cruza al segundo palo, o al jugador (b) que se mantiene en banda derecha a una distancia un poco mayor, bien para tirar o comenzar de nuevo retrasando la bola. Conviene que (e) sea left y (d) y (b) right. Es conveniente realizar la salida también a la izquierda abriendo del jugador (a) al (c).

5.3. Contraataque. Ejercicios para la asimilación del contraataque.

Ejercicio 1: Situación 3 contra 1. El jugador del centro abre a la derecha y sigue acercándose a la portería contraria. El jugador de banda derecha conduce la bola, y cuando le sale el defensa retrasa atrás y avanza hasta el palo derecho. El jugador del centro al recibir la bola de la derecha cambia a la izquierda. El jugador de banda izquierda tirará o cambiara nuevamente a la izquierda dependiendo de la colocación del portero (figura 8).

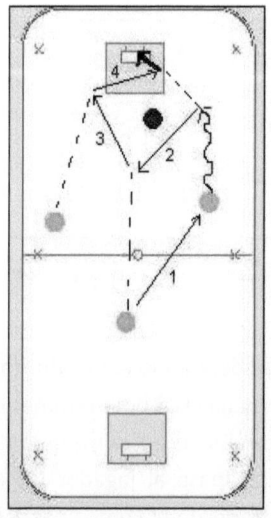

Figura 8. *Contraataque tres contra uno*

Variante: Realizar el ejercicio al lado contrario, es decir el primer pase es a la izquierda.

Ejercicio 2: Situación 3 contra 0. El jugador del centro da un pase a la derecha y dobla al jugador de dicha banda intentando llegar hasta la esquina del área. El jugador de banda derecha pasa a la izquierda a la incorporación del jugador de dicha banda que pasa nuevamente a la derecha para que tire el jugador que ha salido desde el centro. El jugador de banda derecha continúa hacia portería en busca de un posible rechace del portero (figura 9).

Variante: Realizar el ejercicio al lado contrario.

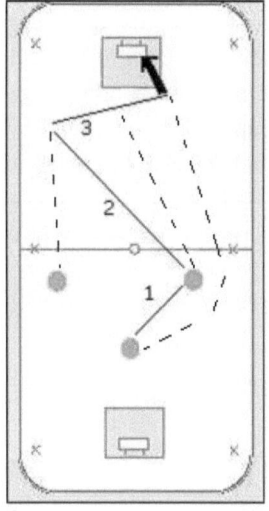

Figura 9. *Contraataque tres contra cero*

4. Filosofía de ataque del equipo. Corta – Larga. Movimiento de ataque y opciones de tiro.

En el ataque corto trataremos de esperar al equipo en campo propio, sin presionar en campo contrario salvo contadas

51

excepciones. Esta filosofía de juego se utilizará ante rivales con mejor nivel técnico y con marcadores favorables en los que cedamos la bola al equipo rival con el fin de ahorrar energías y aprovecharse de los errores que éste tenga con posesiones largas. Se buscará una presión dos contra uno en banda seguida de un rápido cambio de juego a la banda contraria que será acompañado por tres jugadores, de manera que dos siempre queden como defensores. Por ese motivo se trabajarán especialmente las situaciones 3 contra 2. Como se observa en la figura 10. Después de un robo en banda se realiza un cambio de juego con una bola adelantada. El jugador de la banda contraria controla la bola y conduce. Además es acompañado por otros dos jugadores. En la situación a, el propio jugador que recibe el pase tira. En la situación b tras la penetración por banda retrasa la bola al centro donde otro jugador efectúa un tiro o bien pasa hacia la izquierda. En la situación c el pase es dirigido hacia la izquierda. Básicamente se trata de robar en banda y llegar a posiciones de tiro de una forma muy rápida, aprovechando la velocidad de los jugadores. Estas nociones son válidas para las dos bandas.

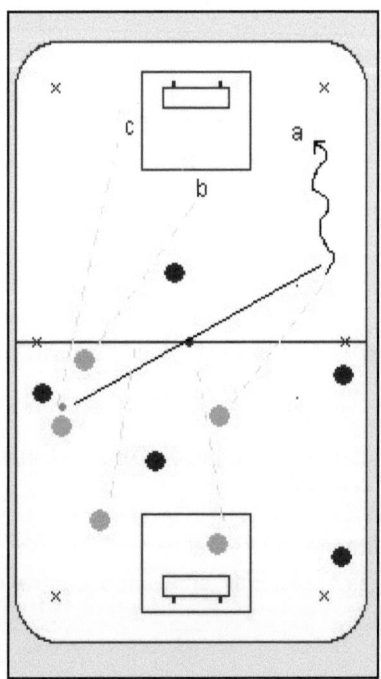

Figura 10. *Ataque corto tras recuperación en banda*

Salida con bolas elevadas (pases largos) para contrarrestar la presión en nuestro propio campo. En ocasiones en las que la presión del equipo contrario sea muy fuerte y muy cerca de nuestra portería y se observen dificultades para salir con la bola jugada, los defensas, sin renunciar a salir jugando la bola, buscaran (si la presión del otro equipo es efectiva) un pase aéreo largo a banda, buscando la entrada en carrera de uno de los jugadores avanzados. En caso de que el jugador de banda controle la bola los otros dos jugadores más ofensivos intentarán acompañar el ataque. Nuestros jugadores más retrasados avanzarán buscando los posibles rechaces que pudieran producirse en la zona central del campo. Al igual que en el ejercicio anterior se plantean tres situaciones, a, b y c, con tiro directo, pase al centro y pase al segundo palo. Al igual que en los ejercicios precedentes puede realizarse por ambos lados (figura 11).

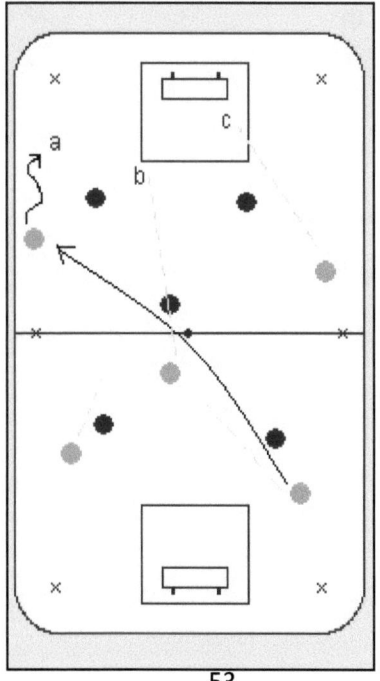

Figura 11. *Salida antre presión alta del rival en nuestro campo*

5. Organización ofensiva en situaciones de superioridad.

Partimos con la colocación de dos buenos tiradores (b) jugador Right y (c) jugador Left. Los otros tres aunque en la figura se a puesto left por ser mayor número en el equipo podrían ser right o left indistintamente. Los jugadores a, b y c intentan mover la bola con pases rápidos y rasos al primer toque, o con control y pase para mover el rombo y e intentar crear huecos. En caso de crear un espacio central podrán buscar a los compañeros (d y e) situados en el centro del rombo. Otra posibilidad son pases rápidos entre a y b o a y c con el propósito de desplazar el rombo hacia un lado para dejar una buena posibilidad de tiro al jugador de la banda opuesta bien sea b o c.

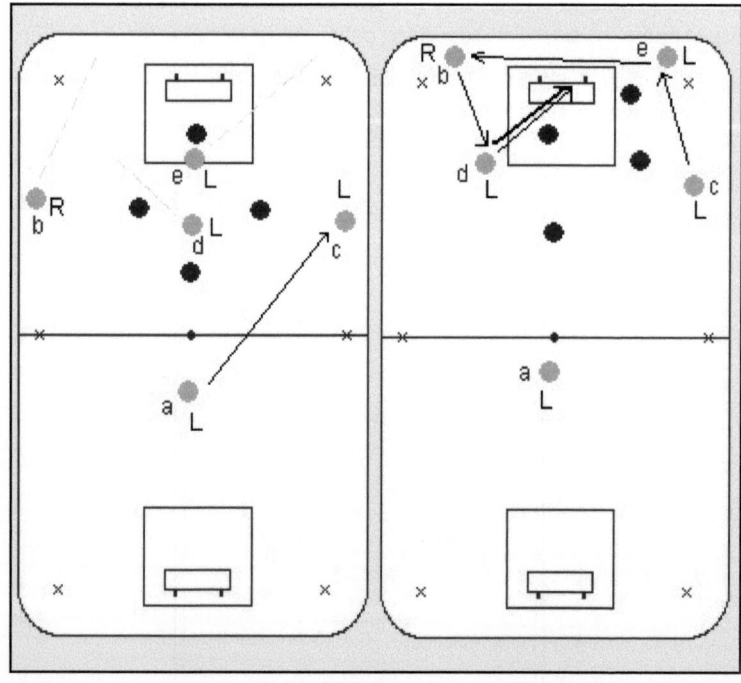

Figura 12. *Colocación de los jugadores y orientaciones ofensivas para el juego con superioridad numérica.*

Para ello hay que buscar un pase diagonal largo, duro y preciso. Por último, según se muestra en la figura 12, se busca llegar a una esquina con un desplazamiento del jugador atacante más adelantado (e). Éste efectúa un pase por detrás de la portería, para que el jugador que recibe (jugador b) pase a la penetración del jugador d, que efectúa un tiro.

Pautas sin bola: Intentaremos que el rival tenga la bola el mínimo tiempo posible. Presionaremos en toda la cancha buscando situaciones de dos contra uno. El rival con bola debe tener siempre a dos de nuestros jugadores presionando. También es conveniente tranquilizar a nuestros jugadores para que eviten faltas, que seguramente buscará el rival. En muchas ocasiones hay demasiada ansiedad por recuperar la bola y en las comentadas situaciones 2 contra 1 se cometen faltas que no hacen más que beneficiar al equipo rival.

6.   Organización defensiva en situaciones de inferioridad.

El objetivo principal de la inferioridad será lógicamente no encajar gol, y que el contrario disponga del menor número de ocasiones posibles durante esos dos minutos.

Pautas sin bola: Los jugadores adoptarán la posición de rombo (idéntica a la adoptada por el equipo defensor en la figura 12) replegados en campo propio con una referencia donde el jugador más avanzado se sitúa unos 5 metros por detrás de la línea del centro del campo. La premisa principal sin bola es tapar la zona del slot y que no se produzcan tiros en dicha zona. Se intentará que el rival circule la bola por el exterior y provocar tiros desde malas posiciones. Intentar mantener en todo momento el bloque defensivo sin abrir huecos o bascular en exceso. Una basculación excesiva puede provocar un cambio de juego y posterior tiro, sin posibilidad de reacción.

Pautas con bola: Básicamente la premisa principal es mantener la bola en una posición lejana a nuestra portería el mayor tiempo posible. Para llegar a esa situación, más que buscar un pase largo al punta (puede perder la bola y originar una situación 5 contra 3), se buscara abrir el rombo, pasar a una banda y el jugador más adelantado se cae a dicha banda recibiendo un pase y llevando la bola a la esquina donde intentará protegerla el mayor tiempo posible o provocar una falta. También mediante movimientos del centro a banda se pueden buscar pases largos del portero. En definitiva trataremos de mantener la bola lejos de nuestra meta y alargar la posesión el máximo tiempo, sin que el hecho de conseguir estas situaciones genere acciones 5 contra 3 agravando más aun la difícil situación del equipo.

7.   Falta y un saque (Face Off)

Las jugadas ensayadas tienen gran importancia en el transcurso del juego. Es muy importante tener previstas todas estas acciones y aplicarlas en el juego real. Tanto para preparar las jugadas con bola parada en ataque como en defensa es muy importante el análisis del equipo rival, con el fin de dirigir nuestra estrategia hacia sus puntos débiles y preparar nuestra estrategia defensiva para contrarrestar los puntos fuertes del rival.

Falta1: Se trata de una falta en la zona central. Tres jugadores (b, c y d) se colocan en torno a la bola. El jugador (c) debe se Right, y (a), aunque no imprescindible podría dar mejor el pase de tiro siendo Left. El resto de jugadores es indiferente.

A la señal arbitral el jugador c sale hacia la derecha buscando posición de tiro en el hueco que le creará el jugador e, que buscará la zona izquierda en busca de un posible rechace. El jugador d golpea la bola en dirección al jugador a, pasando ésta por debajo de las piernas de el jugador b que posteriormente retrasará su posición para evitar un posible contraataque en caso de pérdida de la bola. El jugador a pasará la bola al primer toque hacia el jugador c que le estará marcando el tiro. Éste tratará de aprovechar el hueco creado por el jugador e (figura 13).

Variante: Puede trabajarse para ambos lados aunque en ese caso el tirador ha de ser Left.

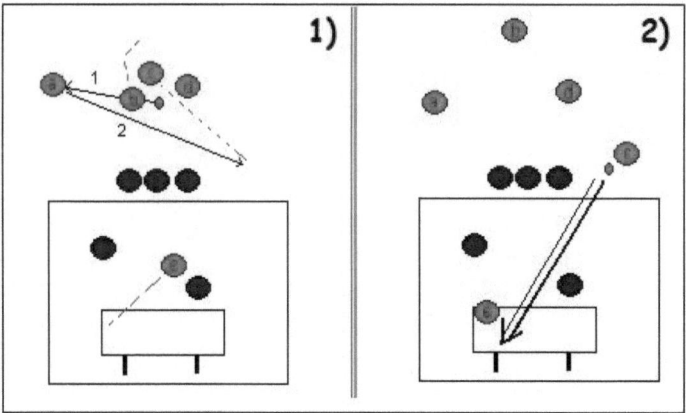

Figura 13. *Movimientos ofensivos en una falta central.*

Falta2. También en la zona central pero más cerca de la portería. Dos jugadores se colocan al lado de la bola. El jugador de la izquierda (c) pasa por encima y se dirige al área pequeña (esquina derecha). Posteriormente el jugador de la derecha (d) pasa también por encima y se coloca a la izquierda de la barrera. Cuando el jugador c) inicia la carrera los jugadores a y d de los extremos corren hacia la bola. El jugador a) toca hacia atrás, al jugador d) (jugador right) que busca superar la barrera y bien tirar, aprovechando el bloqueo del jugador e, o buscar un pase (si hay hueco) al jugador c). En esta falta

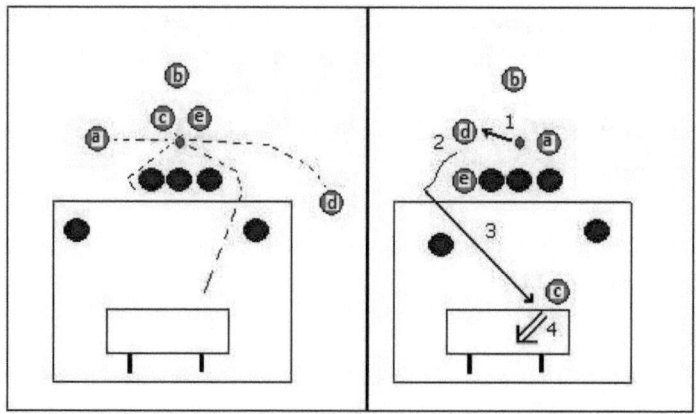

deben sincronizarse muy bien todos los movimientos (figura 14).

Figura 14. *Movimientos ofensivos en una falta al borde del área.*

Face Off: En este caso dos jugadores (a y b) están en el punto de Face-off. El jugador (a) se desplaza hacia la línea de fondo. El jugador b pasa al jugador a y busca el área para buscar una posible situación de tiro o rechace. El jugador e situado en el centro del área busca la zona posterior de la portería y recibe el pase de a. El jugador e pasa al jugador d (que ha entrado en el área) buscando su tiro. En función de la situación de juego el jugador (e) puede pasar por detrás de la portería y buscar al jugador b en el otro palo. Sería conveniente que el jugador d fuese right y b left (figura 15). Debe trabajarse desde ambos lados.

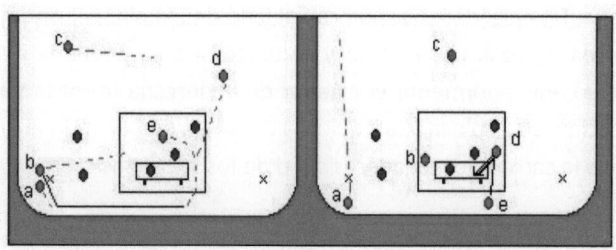

Figura 15. *Movimientos ofensivos en un face Off.*

6. BIBLIOGRAFÍA

Aro, J. (2020). Train Floorball at Home: Floorball Drills to do at Home. Train Floorball at Home https://www.bookdepository.com/es/Train-Floorball-at-Home-Jukka-Aro/9789178512492

Åkerlund, I., Waldén, M., Sonesson, S., & Hägglund, M. (2020). Forty-five per cent lower acute injury incidence but no effect on overuse injury prevalence in youth floorball players (aged 12-17 years) who used an injury prevention exercise programme: two-armed parallel-group cluster randomised controlled trial. *British journal of sports medicine*, 54(17), 1028–1035. https://doi.org/10.1136/bjsports-2019-101295

Gómez, M. Á., Prieto, M., Pérez, J., & Sampaio, J. (2013). Ball Possession Effectiveness in Men's Elite Floorball According to Quality of Opposition and Game Period. *Journal of human kinetics*, 38, 227–237. https://doi.org/10.2478/hukin-2013-0062

Leppänen, M., Pasanen, K., Kujala, U. M., & Parkkari, J. (2015). Overuse injuries in youth basketball and floorball. *Open access journal of sports medicine*, 6, 173–179. https://doi.org/10.2147/OAJSM.S82305

Pasanen, K., Parkkari, J., Pasanen, M., Hiilloskorpi, H., Mäkinen, T., Järvinen, M., & Kannus, P. (2008). Neuromuscular training and the risk of leg injuries in female floorball players: cluster randomised controlled study. *BMJ (Clinical research ed.)*, 337(7661), a295. https://doi.org/10.1136/bmj.a295

Pasanen, K., Bruun, M., Vasankari, T., Nurminen, M., & Frey, W. O. (2017). Injuries during the international floorball tournaments from 2012 to 2015. *BMJ open sport & exercise medicine*, *2*(1), e000217. https://doi.org/10.1136/bmjsem-2016-000217

Pedersen, M. T., Vorup, J., & Bangsbo, J. (2018). Effect of a 26-month floorball training on male elderly's cardiovascular fitness, glucose control, body composition, and functional capacity. *Journal of sport and health science, 7*(2), 149–158. https://doi.org/10.1016/j.jshs.2017.12.002

Perera, N., Åkerlund, I., & Hägglund, M. (2019). Motivation for sports participation, injury prevention expectations, injury risk perceptions and health problems in youth floorball players. *Knee surgery, sports traumatology, arthroscopy : official journal of the ESSKA, 27*(11), 3722–3732. https://doi.org/10.1007/s00167-019-05501-7

Rossi, M. K., Pasanen, K., Heinonen, A., Äyrämö, S., Räisänen, A. M., Leppänen, M., Myklebust, G., Vasankari, T., Kannus, P., & Parkkari, J. (2020). Performance in dynamic movement tasks and occurrence of low back pain in youth floorball and basketball players. *BMC musculoskeletal disorders, 21*(1), 350. https://doi.org/10.1186/s12891-020-03376-1

Tervo, T., & Nordström, A. (2014). Science of floorball: a systematic review. *Open access journal of sports medicine, 5*, 249–255. https://doi.org/10.2147/OAJSM.S60490

Tranaeus, U., Götesson, E., & Werner, S. (2016). Injury Profile in Swedish Elite Floorball. *Sports health, 8*(3), 224–229. https://doi.org/10.1177/1941738116628472

Yagüe P, Pulkkinen S. (2008). Propuesta para la valoración funcional en el floorball de competición. EFDeportes.com, 126. https://efdeportes.com/efd126/valoracion-funcional-en-el-floorball-de-competicion.htm

Wedin, J. O., & Henriksson, A. E. (2020). The Influence of Floorball on Hematological Parameters: Consequences in Health Assessment and Antidoping Testing. *J. of sports medicine (Hindawi Publishing Corporation)*, *2020*, 6109308. https://doi.org/10.1155/2020/6109308

Wikman, J. M., Nistrup, A., Vorup, J., Pedersen, M. T., Melchor, P. S., Bangsbo, J., & Pfister, G. (2017). The Effect of Floorball Training on Health Status, Psychological Health and Social Capital in Older Men. *AIMS public health*, *4*(4), 364–382. https://doi.org/10.3934/publichealth.2017.4.364

Wikström J, Andersson C. (1997). A prospective study of injuries in licensed Floorball players. Scand   J Med Sci Sports: 7: 38–42.